화석 박물관

Original Title: Fossils
Copyright © 2023 Dorling Kindersley Limited
A Penguin Random House Company

www.dk.com

화석 박물관

리비 로메로

DK | 삼성출판사

차례

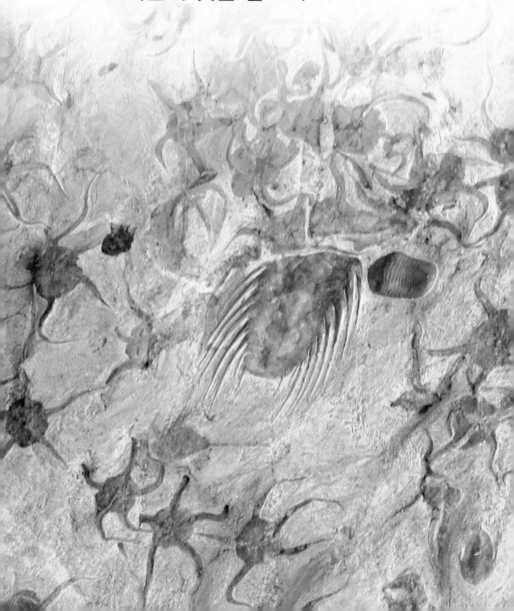

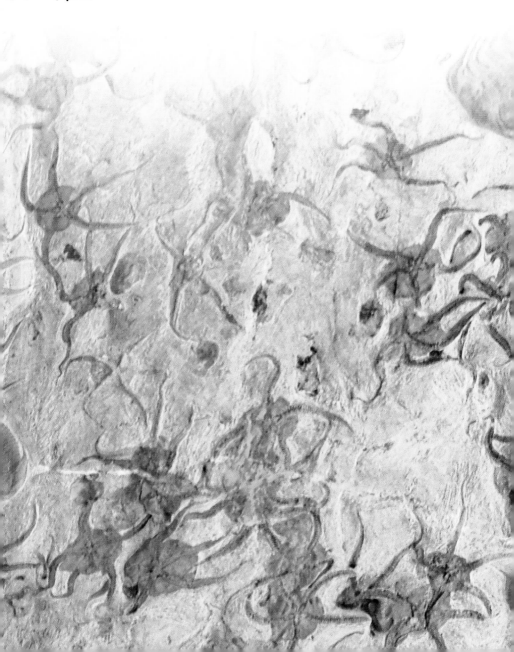

화석이 뭐예요?

멀고 먼 옛날, 지금으로부터 약 8000만 년 전 몽골의
고비 사막에서 일어났던 일이에요.
육식 공룡 벨로키랍토르가 누렇게 말라붙은 벌판을
가로질러요. 코를 벌름거리며 먹이를 찾고 있어요.
앗, 어디선가 초식 공룡 프로토케라톱스의 냄새가 나요.

벨로키랍토르

벨로키랍토르가 날쌔게 달려들어 낫 모양의
갈고리 발톱으로 프로토케라톱스의 목을 찔러요.
프로토케라톱스가 다부진 몸으로 용감히 맞서요.
앵무새 부리 같은 날카로운 입으로 적의 오른쪽 다리를
꽉 깨물어요. 우지끈 소리가 나며 뼈가 부러져요.

프로토케라톱스

정말 일어났던 일이냐고요? 그럴 수도, 그렇지 않을 수도 있지요. 목숨을 건 싸움 중에 엄청나게 큰 모래 더미, 아니 갑작스레 불어 닥친 모래 폭풍이 두 공룡을 파묻어 버렸어요.

그렇게 시간은 멈춰 버리고 약 8000만 년의 세월이 흐른 1971년, 고생물학자들이 두 공룡을 발견했어요. 엎치락뒤치락 싸우는 모습이 고스란히 보존된 놀라운 화석이었지요. 고생물학자란 옛날에 살던 생물에 대한 지식을 알아내기 위해 화석을 연구하는 사람을 말해요.

중요한 발견

두 공룡의 싸우는 모습이 보존된 화석은 몽골의 국보, 그러니까 온 국민이 아끼는 나라의 보물이에요.

화석은 옛날에 살았던 생물이 어떻게 생활했는지 보여
주는 증거예요. 여러 생물의 모습과 그들이 살아가면서
남긴 흔적이 보존되어 있지요. 어떤 화석엔
벨로키랍토르와 프로토케라톱스의 싸움처럼 생생한
장면이 남아 있어요. 하지만 자세히 살펴보지 않으면
보통 바윗돌과 다를 게 없을 만큼 평범한 화석도 있어요.

오늘날 발견되는 화석은 주로 물가에서 살던 생물의
모습을 전해 주어요.

화석은 호수나 늪지대 혹은 바다 근처에 퇴적물이
층층이 쌓이며 단단하게 굳을 때 만들어져요. 퇴적물은
물이나 바람 또는 빙하가 물가로 옮겨 와서 쌓인 모래와
돌을 말해요.

오늘날 화석이 물가가 아닌 육지 한복판에서도 발견되는
까닭은 지구의 땅 모습이 변했기 때문이에요. 지구
안에서 일어나는 땅의 여러 운동 때문에 한때 물로
뒤덮였던 곳이 사막과 산맥이 되기도 해요.

여기도 화석, 저기도 화석

화석은 전 세계 모든 대륙에서
발견되고 있어요. 남극 대륙도
예외는 아니에요.

고생물학자들은 옛날에 살았던 생물의 생활 모습을
이해하기 위해 화석과 화석이 발견된 주변 환경을
꼼꼼히 살펴요. 이를 통해 먼 과거에 지구에서 꽃피었던
생명의 역사를 짐작해 볼 수 있어요.

어떤 화석이 있어요?

화석은 두 종류로 나눌 수 있어요. 체화석과 흔적
화석이지요.

체화석은 옛날에 살았던 생물의 일부 또는 전부가
온전하게 간직된 화석이에요. 생물이 죽었을 때
빠른 시간 안에 진흙이나 모래 또는 화산재에 묻히면
체화석이 만들어지지요. 생물의 살처럼 부드러운
부분은 썩고, 뼈처럼 단단한 부분이 남아요.

아주아주 오랜 세월 동안 돌을 이루는 '광물질'이 단단한
부분으로 스며들면서 돌처럼 굳어 버려요. 생물의
시체가 화석으로 변하는 것이지요.
또다시 세월이 흘러요. 생물이 묻혔던 바위가 위로
솟아오르고, 비와 바람과 강물에 깎이면서 화석이
드러나요.

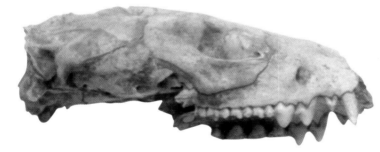

체화석

동물의 뼈와 이빨, 발톱처럼
단단한 부분이 체화석이 돼요.
식물도 체화석을 남겨요. 긴 시간이
흐르면서 죽은 나무가 돌처럼
단단하게 변하기 때문이에요.

체화석의 한 종류인데 만들어지는 방식이 다른 두 가지
화석이 있어요. 바로 주형 화석과 주물 화석이에요.
주형 화석은 생물의 시체는 썩어 없어지고 그 모양이
새겨진 자국만 남을 때 만들어져요. 붕어빵을 굽는
틀이라고 생각하면 돼요. 옛날에 살던 조개들이 주형
화석으로 많이 남았어요. 그런데 어떤 주형 화석은
조개의 바깥쪽 면을 보여 주고, 또 다른 주형 화석은
조개의 안쪽 면을 보여 주지요. 안쪽 면을 보여 주는
주형 화석은 퇴적물이 텅 빈 껍데기를 채운 뒤에
만들어졌어요.

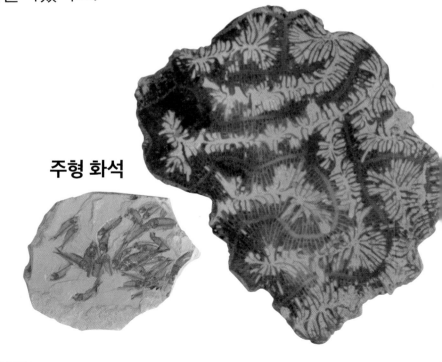

주형 화석

주물 화석

어떤 때는 생물의 시체가 남긴 자국을 광물질이 채워요.
광물질이 단단하게 굳으면 흔적 모양을 온전히 간직한
주물이 만들어져요. 이것이 주물 화석이에요. 붕어빵
틀에서 떼어 낸 붕어빵이라고 생각하면 돼요.
고생물학자들은 옛날에 살던 생물의 뼈대를 다시 만들기
위해 주물을 직접 만들기도 해요. 박물관에 있는 공룡
화석 가운데 일부는 진짜 공룡의 뼈가 아니라 주물
뼈예요.

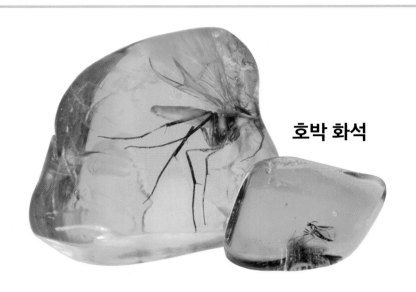

호박 화석

생물의 부드러운 부분까지 완전히 보존되는 일은 무척 드물어요. 그렇다고 불가능한 일은 아니에요. 예를 들어 모기나 거미, 도마뱀 같은 작은 동물이 나무에서 흘러나오는 끈적끈적한 수액에 빠졌다가 그대로 굳어 버릴 수 있어요. 날개와 더듬이까지 고스란히 간직한 호박 화석이 탄생한 거예요. 호박은 수액이 굳어 만들어진 광물을 말하지요.

기름처럼 끈끈한 검은 액체인 타르와 얼음도 부드러운 부분까지 완전히 보존된 화석을 만들어 내요. 메가테리움, 마스토돈, 검치호랑이를 포함한 수백만 점의 화석이 미국 로스앤젤레스의 라 브레아 타르 연못에서 발견되었어요.

러시아 시베리아의 꽁꽁 얼어붙은 땅에서도 화석이 속속 발견되고 있어요. 최근에는 털이 붙어 있는 매머드와 동굴사자, 동굴곰, 늑대의 화석이 빛을 보았어요.

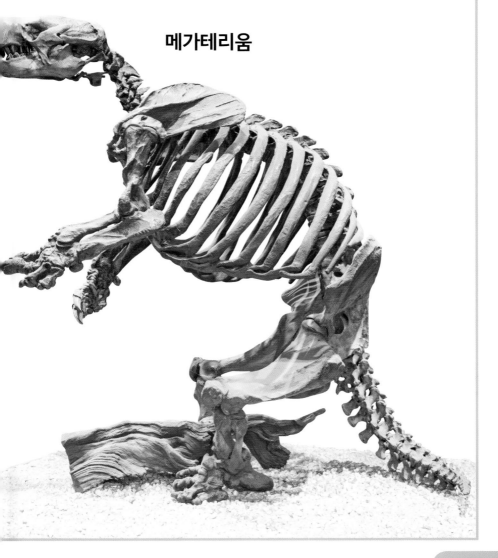

메가테리움

흔적 화석은 생물의 생김새가 아니라 살아가던 모습을
보여 주는 화석이에요. 발자국, 기어간 자국, 꼬리 자국,
굴을 판 자국 등이 흔적 화석으로 남지요.
동물이 진흙 같은 부드러운 땅을 밟으면 발자국이
찍혀요. 오랜 세월이 흐르는 동안 발자국은 단단하게
굳어 화석이 돼요. 여러분이 눈길을 걸어가면서
발자국을 찍듯이 공룡이 걸어가면서 발자국을 남겨 놓은
거예요.

고생물학자들은 발자국을 관찰하며 공룡에 대한 많은 사실을 밝혀내요. 두 발로 걷는 공룡인지 아니면 네 발로 걷는 공룡인지, 공룡의 크기와 걷는 속도는 얼마나 되는지 알 수 있어요. 더 나아가 발자국의 주인공이 싸우다 다쳤는지 혹시 다리를 절고 있지는 않은지도 알아내지요. 같은 방향을 향해 찍힌 많은 발자국을 통해 공룡 무리의 이동을 알아내기도 해요.

발자국 탐정

비슷한 종류의 발자국이 모여 있는 발자국 화석이 여러 대륙에서 발견되었어요. 이를 통해 과학자들은 대륙이 모두 모여 있었을 때 여러 동물들이 어디에 살았는지 추측할 수 있어요.

알과 둥지도 화석으로 남았어요. 알은 둥지 안에서 발견되기도 하고, 둥지 밖에서 발견되기도 해요. 여러 둥지가 한데 모여 있기도 하고, 따로따로 흩어져 있기도 해요.

둥지 곁에 묻힌 어른 동물의 화석이 함께 나타난 적도 있어요. 알과 둥지는 동물에 관해 더 많이 알 수 있게 이끌어 주는 열쇠예요.

화석으로 남은 공룡의 알

땅속의 화석

동물이 파 놓은 굴은 흔적 화석이에요. 멀고 먼 옛날 땅속에 굴을 파고 돌아다니던 동물의 생활 모습을 전해 주지요.

똥 화석

'분석'이라 부르는 똥 화석도 흔적 화석에 속해요.
믿기 어렵겠지만, 고생물학자들은 똥 화석을 연구하여
많은 사실을 밝혀냈어요. 동물이 무엇을 먹고
살았는지도 알아냈지요.
이따금 똥 속에서 귀중한 보물을 얻을 수도 있어요.
2019년 똥 화석을 관찰하던 학자들은 엑스레이 촬영을
통해 똥과 함께 굳어 버린 벌레 한 마리를 발견했어요.
세상에 첫선을 보인 이 벌레는 약 2억 3000만 년 전에
숲속을 날아다니던 딱정벌레였어요.

화석은 무엇을 알려 주나요?

그동안 상상력을 자극하는 멋진 화석들이 여럿 발견되었어요. 그중에는 지구 역사에 관한 지식을 바꾸어 놓은 것도 있지요.

1860년대에 독일에서 발견된 한 화석이 과학자들의 관심을 집중시켰어요. 1억 5000만 년 동안 땅속에 잠들어 있던 이 화석은 오늘날 하늘을 나는 새와 멸종된 공룡의 특징을 고루 지녔어요. 과학자들은 이 화석에 아르카이오프테릭스라는 이름을 붙여 주었어요.

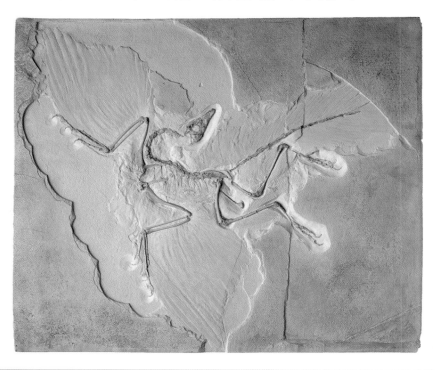

조류? 파충류? 아니면 둘 다?

아르카이오프테릭스는 뼈로 이루어진 긴 꼬리와 이빨을
지녔어요. 양쪽 깃털 날개에는 먹잇감을 움켜쥐기에
편리한 발톱이 세 개씩 달렸지요.

발견 당시 학자들 사이에는 다양한 의견이 있었어요.
어떤 이들은 아르카이오프테릭스가 지구에 처음
등장한 새라고 주장했고, 다른 이들은 파충류인
공룡에서 조류인 새로 변하는 과정의 모습을 보여
주는 동물이라고 목소리를 높였어요. 오늘날 다양한
기술을 이용해 화석의 형태를 측정한 학자들은
아르카이오프테릭스가 깃털 달린 공룡임을 확인했어요.

하나의 화석이 어떤 동물 종 전체에 대한 지식을
넓혀 주기도 해요. 1991년 캐나다 서스캐처원에서
'스코티'라는 별명으로 널리 알려진 티라노사우루스의
화석이 발견되었어요. 스코티는 몸길이가 13미터에
가깝고, 몸무게는 9000킬로그램에 이르렀으며, 30년을
넘게 산 것으로 밝혀졌어요. 세상에서 가장 크고 가장
오래 산 티라노사우루스로 기록을 세웠던 거예요.

고생물학자들은 스코티를 자세히 조사하다 꼬리뼈에
새겨진 이빨 자국과 부러진 갈비뼈를 찾아냈어요.
스코티가 30년이 넘는 긴 세월 동안 살아남기 위해
치열하게 싸웠음을 보여 주는 상처였지요.

타임머신을 타고 과거로
돌아가는 시간 여행의
즐거움을 선사하는 화석도
있어요.

지금으로부터 3억 년 전
미국의 중부 지역은 아주 덥고
습했어요. 정글에는 나무들이
울창했지요. 그런데 느닷없이 지진이
일어나 땅이 푹 꺼져 버렸어요. 나무들은
모래와 진흙 속에 파묻혀 흔적도 보이지 않았어요.
2007년, 지질학자들이 미국의 일리노이주 탄광에
보존되어 있던 정글의 흔적을 발견했어요. 나무의
줄기와 잎, 그리고 고사리 같은
양치식물의 잎과 가지가 탄광의
천장에 늘어서 있었어요.
정글이 영원히
보존되었던 거예요.

대형 곤충

3억 년 전에는
갈매기만 한 크기의 잠자리 같은
대형 곤충이 살았어요.

화석은 매우 소중한 자료예요. 과거의 비밀을 들려줘서
여러분이 살아가는 현재를 더욱 잘 이해할 수 있게
도와주지요.

화석은 멸종된 생물이 어떻게 생활했는지 보여 줘요.
또 옛날에 살던 생물이 어떻게 현대의 식물과 동물로
변화해 왔는지 짐작하게 해 주지요.

더 나아가 화석은 먼 과거의 지구 환경이 어땠는지
알려 줘요. 한마디로 화석은 자연의 힘이 어떻게 지구를
현재의 모습으로 만들어 냈는지 그 과정을 전해 주는
기록이에요.

화석이 된 나무

용어 정리

고생물학자
옛날에 살던 생물에 대한 지식을 알아내기 위해 화석을 연구하는 사람

모래 폭풍
모래와 섞여 세차게 부는 바람

분석
똥이 굳어 만들어진 화석

육식 공룡
다른 공룡을 잡아먹는 공룡

주물 화석
광물질이 생물의 시체가 남긴 자국을 채운 다음 단단하게 굳어 흔적 모양을 온전히 간직한 화석

주형 화석
생물의 시체는 썩어 없어지고 그 모양을 새긴 자국만 남을 때 만들어지는 화석

지질학자
지구를 연구하는 학자. 특히 지구를 구성하는 물질을 연구한다.

체화석
뼈와 이빨, 발톱처럼 단단한 부분이 굳어 만들어진 화석. 옛날에 살던 생물이 어떻게 생겼는지 알려 준다.

초식 공룡
식물을 먹고 사는 공룡

호박
나무에서 흘러나온 끈적끈적한 수액이 굳어 만들어진 광물

화석
옛날에 살던 생물이나 생물의 생활 흔적이 땅속에 묻혀 보존된 것

흔적 화석
발자국, 기어간 자국, 꼬리 자국, 굴을 판 자국 등 생물이 살아가던 모습을 보여 주는 화석

퀴즈

이 책을 읽고 무엇을 알게 되었는지 물음에 답해 보세요.
(정답은 맨 아래에 있어요.)

1. 화석이란 무엇일까요?

2. 화석을 크게 두 종류로 나누면 무엇과 무엇일까요?

3. "붕어빵 틀에서 떼어 낸 붕어빵과 비슷한 방식으로 만들어진 것은 주물 화석이다." 진실 또는 거짓?

4. 나무의 수액에 생물이 들어간 후 굳어서 생긴 화석은 무엇일까요?

5. 흔적 화석은 어떤 사실을 알려 줄까요?

6. 고생물학자는 똥 화석을 통해 어떤 사실을 알아낼 수 있었을까요?

7. 새와 공룡의 특징을 고루 지닌 화석의 이름은 무엇일까요?

1. 옛날에 살던 생물이나 생물의 생활 흔적이 땅속에 묻혀 보존된 것
2. 체화석과 흔적 화석 3. 진실 4. 호박 화석
5. 옛날에 살던 생물의 생활 모습을 알려 준다.
6. 동물이 무엇을 먹었는지 알아냈다. 7. 아르카이오프테릭스

DK 읽는 재미!
SUPER Readers

아이들의 흥미와 발달을 모두 고려한
체계적인 읽기 프로그램 <DK 읽는 재미>.
스트레스 없는 책 읽기를 통해
아이들의 문해력이 자연스럽게 향상됩니다.

LEVEL 1

스스로
읽어요

취학 전~
초등 1학년